LE DROIT

DE

GRENOUILLAGE

PAR

J. TRÉVÉDY

Ancien Président du Tribunal de Quimper

Vice-Président honoraire de la Société Archéologique du Finistère

SAINT-BRIEUC

IMPRIMERIE-LIBRAIRIE-LITHOGRAPHIE RENÉ PRUD'HOMME

1899

LE DROIT

DE

GRENOUILLAGE

PAR

J. TRÉVÉDY

Ancien Président du Tribunal de Quimper

Vice-Président honoraire de la Société Archéologique du Finistère

SAINT-BRIEUC

IMPRIMERIE-LIBRAIRIE-LITHOGRAPHIE RENÉ PRUD'HOMME

1899

LE DROIT

DE

GRENOUILLAGE

Le printemps de 1898 ramenait les élections législatives.
A ce moment tous les échos de Bretagne retentissaient du
concert des grenouilles. Ce fut un trait de lumière pour
certains politiciens. Ils ressuscitèrent le souvenir du *droit de
grenouillage*, et ils dirent aux électeurs des campagnes :
« Vos pères ont passé les nuits à battre les étangs pour faire
taire les grenouilles. Prenez garde à vous ! Si vous votez pour
M. X***, vous aurez le sort de vos pères ! »

Parler ainsi, c'est faire du grenouillage un *usage général,*
écrit apparemment dans la Coutume de Bretagne qui pendant
cinq siècles a régi notre pays.

En réponse à cette hérésie, nous avons publié *le grenouillage de Saint-Brieuc,* le seul connu en Bretagne ; en même
temps, avide d'apprendre et poussé par une curiosité qu'ils
auront peut-être jugée indiscrète, nous avons supplié les
érudits conférenciers de nous faire connaître les titres anciens
authentiques découverts par eux et qui autorisaient leur lan-
gage (1).

Après plusieurs mois, nous n'avions pas de réponse. Ne
pouvant plus en espérer, nous nous sommes mis à de patientes
recherches qu'ont aidées d'obligeants correspondants.

Voici le résultat de ces recherches.

(1) *Indépendance Bretonne* de Saint-Brieuc, numéros des 29 et 30 mai 1898.

I

Grenouillage en Bretagne.

Le mot GRENOUILLAGE a deux sens corrélatifs : il veut dire
le *droit* pour le seigneur de faire battre les eaux afin de faire
taire les grenouilles, le *devoir* pour le vassal de battre les
eaux. Ce mot ne se trouve pas dans des écrits anciens : il est
de création nouvelle, et semble posthume au droit et au devoir
qu'il énonce. Nous l'emploierons pour plus de simplicité.

Il y a des hommes qui croient que jusqu'en 1789 les paysans
ont passé la plus grande partie des nuits à battre les fossés
des châteaux et même les étangs, au moins ceux voisins des
demeures seigneuriales, pour empêcher les grenouilles de
coasser et de troubler le sommeil des seigneurs.

Ces hommes de foi robuste n'ont pas songé à deux objec-
tions que fournissent l'histoire naturelle et une expérience
certaine.

La première, c'est que les concerts des grenouilles ne reten-
tissent qu'au temps des amours, en avril, mai et juin. Après,
habituées au bonheur de vivre, puis endormies dans les vases,
les grenouilles se taisent pendant neuf longs mois. Comment
croire que pendant ce temps on ait battu les eaux durant des
nuits entières pour faire taire des grenouilles qui ne chan-
taient pas ?

En second lieu, faire taire les grenouilles d'un étang de
quelque étendue est une entreprise difficile, sinon impossible :
elle exigerait une troupe nombreuse munie de bateaux, et
apparemment n'observant pas le silence qu'elle prétendrait
imposer aux grenouilles. Comment croire que des troupes de
gens aient été condamnées à battre les étangs pendant des
nuits entières, sans aucun espoir d'imposer le silence aux
grenouilles ?

Le grenouillage n'a donc pu s'exercer effectivement qu'aux
mois où les grenouilles se font entendre, et sur des eaux de

dimensions réduites où le silence pouvait être obtenu d'elles. Mais, entendu même avec ces restrictions que le bon sens réclame, le grenouillage existait-il en Bretagne ?

Dès 1854, notre éminent président M. de la Borderie pouvait dire qu'il lui avait passé par les mains des titres bretons par milliers (1). Depuis cette époque, bientôt un demi-siècle, il a compulsé d'autres milliers de titres. Il n'y a trouvé mentionné qu'un seul droit de grenouillage, celui de l'évêque de Saint-Brieuc, connu et publié depuis longtemps (2).

En me transmettant cette indication, M. de la Borderie me renvoyait à notre confrère le chanoine Guillotin de Corson, l'auteur des *Grandes Seigneuries de la Haute Bretagne*. En effet, l'érudit chanoine m'a signalé le grenouillage de la Musse (commune de Baulon); mais en me faisant observer qu'il en avait trouvé la mention non dans les titres de la seigneurie, mais (ce qui n'équivaut pas) dans le dictionnaire d'Ogée.

Donc les milliers de titres compulsés par des chercheurs heureusement obstinés comme MM. de la Borderie et Guillotin de Corson n'ont révélé en Bretagne qu'un seul droit de grenouillage, et combien différent de « l'affreux grenouillage » dont on annonce le retour !

Force m'était de chercher ailleurs quelque trace du grenouillage. J'ai interrogé nos jurisconsultes, nos vieux arrêtistes, nos feudistes, enfin nos historiens.

J'ai lu tout ce que j'ai pu trouver sur les droits féodaux, les redevances féodales, même, sur le conseil d'un ami, les corvées. « Le grenouillage, me disait-il, peut être considéré comme une corvée d'un genre spécial, et il est d'autant plus naturel d'étudier les corvées, que le curage et la réparation des fossés du château sont rangés parmi les corvées ordinaires (3). »

(1) *Mélanges d'Histoire et d'Archéologie bretonnes*, T. Iᵉʳ, p. 59.

(2) Notamment par lui-même dans l'ouvrage ci-dessus. Nous verrons cela plus loin.

(3) Je ne crois pas que le grenouillage, pas plus que le guet (garde en armes) fût une corvée. Ces deux devoirs sont services *de nuit ;* la corvée, au contraire, est essentiellement service *de jour...* Quelles exagérations ont été éditées à propos de corvées !.., Peut-être y viendrai-je un jour,

Or les livres de jurisprudence ne m'ont rien fourni ! Dans la plupart, il est question des corvées qui ont donné lieu à bien des controverses ; mais pas un mot du grenouillage ! Preuve que ni jurisconsultes ni juges n'ont eu jamais à résoudre une question relative à ce droit.

J'avais cru pouvoir compter sur nos historiens, surtout sur D. Lobineau. En trois endroits de son *histoire*, à la fin des IXe, XIIe et XVe siècles, Lobineau suspend son récit pour faire, comme il dit, « le portrait abrégé des mœurs et coutumes de Bretagne. » (P. 71, 108, 843). Il mentionne les corvées dont il donne plusieurs exemples ; il énumère les droits féodaux parmi lesquels il en signale d'exceptionnels qu'il nomme « extraordinaires ». Mais du droit de grenouillage, pas un mot : silence d'autant plus significatif que, parlant des corvées, l'historien mentionne le curage des fossés.

Que conclure de ce silence des livres de jurisprudence et des historiens ? 1° Que le droit de grenouillage n'a donné lieu à aucune réclamation, à aucun débat judiciaire, donc qu'il n'avait pas le caractère rigoureux de la corvée, qui a tant occupé les juges d'autrefois ; 2° qu'il était rare, très rare, et tellement exceptionnel, qu'il a passé inaperçu de nos historiens.

II

Grenouillage en France.

Après cette laborieuse enquête faite en Bretagne, j'ai voulu enquérir en France. Le résultat va, je crois, surprendre.

Dans la France entière, nous n'avons trouvé que quatorze devoirs de grenouillage en comptant le devoir facultatif et pour rire de l'évêque de Saint-Brieuc. Ces quatorze devoirs appartiennent à douze seigneuries.

En voici la liste dans l'ordre des dates où ils ont été portés à la connaissance du public.

En 1775, Ogée signalait le grenouillage de la Musse (1).

En 1834, le président Habasque a signalé le grenouillage de Saint-Brieuc (2).

En 1837, Michelet a signalé quatre grenouillages, savoir : 1º celui de Roubaix (arrondissement de Lille, Nord) ; 2º celui de Luxeuil (arrondissement de Lure, Haute-Saône) ; 3º celui de Laxou, près de Nancy ; 4º celui de Monthureux (arrondissement d'Epinal, Vosges), appartenant à l'abbé de Luxeuil (3).

En 1845, M. Bouthors, greffier en chef de la cour d'Amiens, publiait les *Coutumes locales du bailliage d'Amiens* (le département de la Somme) ; il signalait un grenouillage de la châtellenie de Drucat (canton d'Abbeville), et deux grenouillages ayant appartenu à l'abbaye de Corbie (arrondissement d'Amiens) (4).

En juillet 1893, la *Revue des Deux-Mondes* publia un article dont l'auteur, M. du Bled, niait le grenouillage de Luxeuil (5). Cette négation suscita cinq communications adressées à l'*Intermédiaire des Chercheurs* : elles parurent en septembre suivant sous ce titre : *Les Paysans et l'abbé de Luxeuil*, titre trop peu explicite ou beaucoup trop modeste, et qui, à la différence de beaucoup d'autres, tient bien plus qu'il ne promet (6).

En effet, outre le grenouillage de Luxeuil qui donne lieu à cette intéressante correspondance, l'article signale sept grenouillages : 1º celui de Rames (canton de Gomerville, arrondissement du Havre, Seine-Inférieure) ; 2º celui de la Villeneuve (canton de Vesoul, Haute-Saône) ; 3º celui d'Aubigny (ou mieux Aubigney, canton de Pesmes, arron-

(1) 1775. *Dict. hist.*, T. 1, vº *Baulon*, p. 72.

(2) *Notions historiques sur le littoral des Côtes-du-Nord*, II, p. 45-46.

(3) *Origines du droit français*, 1ʳᵉ édition, p. 253.

(4) Une seconde édition a paru en 1853. C'est elle que M. Dupin a présentée en avril 1854 à l'Académie des sciences morales et politiques. Voir son rapport, fascicule d'avril 1854.

C'est ce rapport et un article paru au *Journal des Débats* du 2 mai suivant, qui ont donné occasion à Louis Veuillot de publier *Le Droit du seigneur au Moyen-âge.*

(5) Vol. de juillet-août 1893, p. 162. Art. intitulé *La Franche-Comté*, signé du Bled — *in fine.*

(6) *Intermédiaire...* 1893, p. 294-297, livraison du 20 septembre.

dissement de Gray, Haute-Saône) ; 4º celui de Girancourt (arrondissement d'Epinal, Vosges) ; 5º celui de Monthureux signalé par Michelet ; 6º celui de Montdechoux, près de Saverne (Bas-Rhin) ; 7º celui de Laxon (lire *Laxou*, près de Nancy) signalé par Michelet (1).

Déduisons les grenouillages de Luxeuil, Monthureux et Laxou signalés par Michelet, voilà quatre grenouillages signalés par l'*Intermédiaire*.

Voilà donc dans la France entière douze seigneuries indiquées comme ayant le droit de grenouillage : deux d'entre elles, les abbayes de Corbie et de Luxeuil, auraient même eu deux grenouillages. Ces devoirs de grenouillage sont ainsi distribués entre les provinces : deux en Bretagne, un en Normandie, un en Flandre, trois en Picardie, trois en Franche-Comté, trois en Lorraine, un en Alsace.

Quatorze grenouillages dans la France entière ! — Mais, me dit-on, vous ne les connaissez pas tous ! — Sans doute... mais, s'ils existaient en 1789 avec le caractère vexatoire qu'on leur impute aujourd'hui, ils ont dû soulever l'indignation de l'Assemblée nationale dans la discussion relative à la suppression des droits féodaux. C'est ce qu'il nous faut voir.

III

Suppression des droits féodaux.

Transportons-nous à la nuit du 4 août 1789 qui vit abolir la féodalité.

On a imaginé et on répète sans examen qu'un député breton, Le Guen de Kerangal, a le premier proposé la suppression des privilèges nobiliaires. Erreur que dément le *Moniteur* (2).

Ce furent deux gentilshommes, le vicomte de Noailles et le

(1) Pas un des correspondants de l'*Intermédiaire* ne renvoie à Michelet.

(2) ... Mais qui a reçu l'estampille officielle. Cf. Discours du Président de la République à Rennes (août 1896).

duc d'Aiguillon, qui furent les promoteurs de l'abolition des droits féodaux. Le bourgeois Le Guen (1), débiteur de devoirs féodaux, ne fit qu'appuyer la motion présentée et soutenue par les deux gentilshommes ; il le déclara en termes exprès.

Le Guen plaidait sa propre cause, et (c'est l'usage quand on n'est pas Cicéron) il la plaida mal. Son discours (c'était son début et depuis sa voix ne s'est plus fait entendre), son discours violent et décousu, plein de déclamations provocatrices, n'était pas de nature à faire impression sur une assemblée sérieuse.

Enflant sa voix, Le Guen avait dit : « Qu'on nous apporte « ces titres qui obligent les hommes à battre les étangs pour « empêcher les grenouilles de troubler le sommeil de leurs « voluptueux seigneurs ! »

Ainsi, pour l'orateur, il ne s'agissait pas seulement, comme on dit quelquefois, du battage des fossés du château, mais du battage des étangs, au moins de ceux voisins des châteaux, entreprise faite pour désespérer, comme nous l'avons dit.

J'ajoute que l'orateur parlant *au présent*, représente le grenouillage des étangs comme s'exerçant encore.

Se supposant en possession des titres établissant le grenouillage, Le Guen ajoutait :

« Qui de nous, Messieurs, dans ce siècle de lumières, ne « ferait un bûcher expiatoire de ces infâmes parchemins... ? »

Le vœu que Le Guen exprimait, ni lui, ni peut-être aucun de ses collègues n'aurait pu l'accomplir... On peut croire que les députés bretons auront quelque peu plaisanté sur ce point leur fougueux compatriote, et surtout les députés de Saint-Brieuc, Palasne de Champeaux et Poullain de Corbion, qui connaissaient le grenouillage anodin de Saint-Brieuc, que nous avons mentionné et que nous décrirons plus loin.

Quelle que fut la hâte fiévreuse de l'Assemblée, la discussion des articles de la loi prit plusieurs séances ; la loi porte les dates des 4, 6, 7, 8 et 11 août ; ce sont les dates des séances

(1) Plusieurs ont pris pour noble Le Guen de Kerangal. Erreur. Le Guen, marchand de toile et de vin à Landivisiau, avait ajouté à son nom le nom de sa mère, pour se distinguer de parents du nom de Le Guen, ou (qu'en savons-nous ?) pour se donner, comme tant d'autres, une vague apparence de noblesse.

où elle fut discutée (1). Lisez au *Moniteur* les procès-verbaux de ces séances, vous n'y trouverez qu'au début, le 4 août, la mention du grenouillage. Après il n'en est plus question (2).

Mais la loi des 4-11 août ne faisait que poser des principes. Pour le détail des droits féodaux supprimés avec ou sans indemnité, il faut se reporter au décret des 15-28 mars 1790 (3).

Lisez ce décret, vous y trouverez mentionnés plusieurs droits dont les noms sont aujourd'hui sans signification pour nous ; mais vous y chercherez en vain la mention du grenouillage. Ce droit sans doute est aboli en vertu de l'expression générale « tous les droits féodaux » ; mais, lorsque nombre de droits peu répandus ont été abolis en termes exprès, le grenouillage n'a pas eu cet honneur.

Que conclure de là ? Ce que nous avons déjà dit : que le grenouillage, droit très rare, inconnu de la plupart des législateurs, n'avait pas au dernier siècle ce caractère vexatoire, cruel, qu'on lui attribue aujourd'hui. Autrement expliquez-moi, je vous prie, comment il a pu se faire qu'au cours de discussions qui durent cinq séances, pas un député n'a pris le grenouillage à partie, n'en a signalé les rigueurs, n'a protesté contre lui, comme on a fait depuis, « au nom de l'humanité » ; je ne dis pas assez, « au nom de la dignité humaine. »

Et qu'on ne dise pas (je l'ai entendu) : « On n'y aura pas pensé. » La vérité est que, le 4 août, « on a pensé » au grenouillage, puis il n'en a plus été question. — Pourquoi ? N'est-ce pas que les membres de l'Assemblée ont reconnu que le grenouillage n'existait plus que dans le souvenir sinon dans l'imagination ?

Autre fait : quelques mois plus tard, en février 1790, les députés de cent vingt-huit municipalités bretonnes et de la seule ville d'Angers se réunissent à Pontivy. Ils ont la prétention de représenter les 1600 municipalités de Bretagne et les 693 municipalités de l'ancien Anjou. On a fait semblant de les croire ; et cette assemblée d'une infime minorité est parée

(1) Duvergier, I, p. 39 à 41.
(2) *Moniteur*, 1789.
(3) Duvergier, I, 135 à 142.

aujourd'hui du titre menteur qu'elle-même se donna : *Fédé-ration bretonne-angevine* (1).

Les députés déclament à qui mieux contre le régime aboli le 4 août. Beaucoup se plaignent du domaine congéable qu'ils présentent comme un droit féodal. Les paysans sont là en nombre : ils ont été alléchés par l'espoir de voir abolir le domaine; et ils comptent bien sans bourse délier, ou à peu près, changer bientôt leur titre de *domanier* en celui de *seigneur foncier*.

On a besoin des paysans. La majorité les flatte ; elle ordonne l'impression et la distribution à milliers d'exemplaires de ridicules harangues prononcées par quelques-uns d'entre eux. Un de leurs griefs (l'aurait-on jamais cru ?) c'est que « les valets des seigneurs daignaient à peine les saluer ou les regarder. » Du grenouillage, pas un mot! C'est donc qu'ils ne l'ont pas subi !

J'attends la réfutation de cet argument qui, je crois, est topique en ce qui concerne la Bretagne.

Qu'est donc ce devoir de grenouillage signalé par Le Guen à l'Assemblée nationale, à laquelle l'Assemblée n'a pas paru prendre garde, dont les paysans bretons ne se plaignaient pas à la fin du dernier siècle, et dont, après cent ans, on effraye aujourd'hui leurs naïfs descendants ?

C'est une légende !

Je m'explique. Je ne dis pas que le grenouillage n'a pas existé. J'ai nommé quatorze grenouillages légendaires ou authentiques; mais je dis que ce droit qu'on représente comme *général* devait être très rare.

Mais on insiste, et l'on me dit: « Il devait y avoir des titres établissant le devoir rigoureux que signalait Le Guen : autrement comment aurait-il osé en parler ? »

Je réponds : Le Guen n'avait jamais vu ces titres « infâ-

(1) Disons que sur les 128 municipalités bretonnes représentées, 99 seulement avaient nommé des députés, 29 avaient simplement envoyé leur adhésion. Sur ces 128 municipalités, 18 se trouvent dans un rayon de 20 k. et 55 dans un rayon de 40 k. autour de Pontivy, presque la moitié ! Ce sont des municipalités rurales appelées là par un intérêt tout *personnel* que nous dirons tout à l'heure. V. *Les fédérations de Pontivy* (1896), par J. Trévédy.

mes » qu'il réclamait pour les brûler. Il en parlait sur *oui-dire*, par tradition, comme on en parle aujourd'hui. Nous disons donc après Le Guen : « Qu'on nous montre les titres relatifs au grenouillage ! » Nous n'en ferons pas, comme le voulait Le Guen, un auto-da-fé. Brûler des titres fut le procédé de la Convention. Pure barbarie ! Nous ferons tout le contraire. Nous garderons ces titres comme pièces historiques d'autant plus précieuses qu'elles sont plus rares.

Mais, tant qu'on n'aura pas produit ces titres, nous avons le droit, en bonne logique, de ne pas accepter la prétendue tradition, et nous croyons pouvoir dire que le grenouillage était un droit extrêmement rare.

Cela dit, étudions l'un après l'autre chacun des grenouillages signalés, examinons les preuves de son existence, reconnaissons-en le vrai caractère, recherchons si ces droits existaient encore au dernier siècle et à la veille de 1789.

Ai-je besoin de dire qu'il ne m'a pas été permis de visiter les dépôts d'archives de la Seine-Inférieure, du Nord, de la Somme, de la Haute-Saône, de Meurthe-et-Moselle et des Vosges ? Mais j'ai été renseigné par MM. les archivistes, que je remercie de leur extrême obligeance pour un inconnu.

Je suivrai l'ordre que voici : 1º Saint-Brieuc, 2º La Musse, 3º Rames, 4º et 5º Corbie, 6º Drucat, 7º Roubaix, 8º Luxeuil, 9º La Villeneuve, 10º Aubigny, 11º Girancourt, 12º Monthureux, 13º et 14º Montdechoux et Laxou.

IV

Etude de chaque grenouillage.

1º *Grenouillage de l'évêque de Saint-Brieuc.*

Le grenouillage de Saint-Brieuc est appris par des aveux de 1498, 1540 et 1555 que nous n'avons plus, mais qui sont relatés au *Livre terrier* du fief épiscopal dressé en 1722 ; ce

droit est réclamé dans un aveu rendu par l'évêque au Roi, le
21 novembre 1690, aveu conservé aux archives de la Chambre
des Comptes de Bretagne (1).

Ce grenouillage était vulgairement nommé « dépry (c'est-à-
dire déclaration) des grenouilles » ou « obéissance des grenouilles (2). » Voici en quoi il consistait.

Aux xv⁰ et xvi⁰ siècles, comme de nos jours, la ville était
traversée par un ruisseau dit Ingoguet ou Lingoguet. Couvert
aujourd'hui, heureusement pour la salubrité publique, il
coulait alors à ciel ouvert, et ses eaux savonneuses et chargées
des immondices de la ville descendaient le long d'une rue dite
Allée-Menault (3), aujourd'hui rue des Trois Frères Merlin (4).

Or en cette rue et joignant le ruisseau, s'élevaient deux
maisons tenues au grenouillage. Voici la description du droit
d'après les aveux des xv⁰ et xvi⁰ siècles et l'aveu de 1690 (5).

D'après les aveux anciens, les propriétaires des deux maisons, outre le paiement d'une rente de 12 sols (6) étaient tenus
« de faire un dépry la vigile de saint Jean-Baptiste, de faire
« taire les renouesselles ou grenouilles (7), et dire trois fois dif-
« férentes en frappant sur le ruisseau: « Renouesselles, taisez-

(1) Les aveux de 1498, 1540 et 1555 publiés pour la première fois par le
président Habasque (ci-dessus, p. 7), sont cités par Le Maout qui copie
Habasque (Annales Armoricaines, p. 178, 1846) ; par MM. de Geslin et de Bar-
thélemy (Anciens Evêchés de Bretagne, II, p. 225-226, 1856) ; M. du Bois de
la Villerabel, (A travers le vieux Saint-Brieuc, p. 134-135, 1891). M. Lamarre,
(Histoire de Saint-Brieuc, p. 124-125, 1884), mentionne aussi le grenouillage,
mais d'une manière peu exacte, comme M. de la Villerabel. Nous les rectifie-
rons plus loin.

(2) Dépry des grenouilles (Habasque, Le Maout, La Villerabel), Obéissance
des grenouilles (de Geslin, Lamarre). Il ne faut pas prendre obéissance pour
la traduction du vieux mot dépry. Dépry veut dire déclaration. Ce sens est
très clair dans le texte des aveux anciens que la Villerabel a abrégés.

(3) « Une venelle et voie d'eau, en bon français, une rivière, entrait en 1622
dans l'Allée-Menault. » La Villerabel, p. 132-133.

(4) Témoignage de sympathie bien méritée à trois frères, enfants de Saint-
Brieuc, morts à la guerre de 1870.

(5) L'aveu du 21 novembre 1690 a été publié par M. de la Borderie, Mélanges
d'Hist. et d'Arch. Bretonne, T. 1, p. 224-226.

(6) Et non 12 deniers, comme ont écrit par erreur Lamarre et La Villerabel.

(7) Un dépry de faire-taire — une déclaration qu'ils allaient faire taire. Le
sens est certain et l'aveu de 1690 l'expliquera plus clairement.

« vous... Monsieur dort, laissez dormir Monsieur ; » lequel
« dépry sont obligés de faire avec amende de 15 sols monnoye
« en cas de deffault ; et sont obligés de venir au manoir
« épiscopal assurer qu'ils ont fait leur devoir et que les gre-
« nouilles ne disent plus rien et ne font plus de bruit. »

Les termes de l'aveu au Roi diffèrent quelque peu : « Sont
« tenus (les propriétaires des maisons) d'aller toutes les vigiles
« de Saint-Jean-Baptiste, quérir le seigneur évêque ou son
« receveur et le prier d'assister à la servitude qu'ils sont
« tenus de faire à cause desdites maisons, qui est qu'ayant
« une baguette de bois à la main, ils sont tenus de frapper sur
« ledit ruisseau par trois fois et dire : Grenouilles, taisez-vous,
« laissez Monsieur dormir ! Et au défaut de ce faire, ils doivent
« quinze sols monnoye d'amende audit seigneur évêque ou à
« son receveur. »

Il n'est plus question d'aller rendre compte de l'accomplisse-
ment du devoir, puisque l'évêque est censé en avoir été témoin.

Que l'évêque se rende à la prière qui lui est faite, et c'est
en sa présence et lui bien éveillé qu'il sera dit solennellement
aux grenouilles : « Monsieur dort, laissez dormir Monsieur. »

Cette variante ajoute un dernier trait aux bouffonneries
de la cérémonie décrite par les anciens aveux. Ces bouffonneries n'étaient-elles donc pas suffisantes ? Voyez plutôt :

Non loin de la rue *Allée-Ménault*, sur le fief et près du
manoir épiscopal, s'étend une mare dite d'un nom significatif
la Grande Grenouillère. Les concerts des grenouilles y font
rage. C'est là que le grenouillage serait utile. Eh bien ! non.
L'évêque a choisi les eaux infectes du Lingoguet où jamais
grenouille n'a vécu. La sommation aux grenouilles, qui ne
sont pas là pour l'entendre, se fera le 23 juin, époque où les
grenouilles ne coassent plus guère, — dans l'après-midi, une
heure où elles se taisent et où l'évêque ne dort pas. Si par
hasard il dormait à cette heure, les débiteurs du grenouillage
l'ont éveillé, en lui faisant le *dépry* réglementaire, en le
priant d'assister au devoir qu'ils vont rendre.

Un auteur dénie à « cette cérémonie bizarre le côté jovial
qu'avaient certains devoirs féodaux (1). » Nous trouvons au

(1) Lamarre, *Histoire de Saint-Brieuc*, p. 124.

contraire que tout y est *jovial* ; et dans le grenouillage ainsi réglementé nous ne pouvons voir qu'une « joyeuseté » (1), imaginée pour l' « esbattement » des oisifs et des écoliers sortant de classe à l'heure où la cérémonie s'accomplit.

Mais peuvent-ils se promettre ce joyeux passe-temps ? — Cela dépend du bon plaisir des propriétaires des maisons.

Sont-ils d'humeur joviale ? Savent-ils amuser les enfants en s'amusant eux-mêmes ? Ils feront comme ces héroïques farceurs qui, de nos jours, affrontent la douche du baquet russe ou tentent l'ascension du mât de cocagne. Au contraire, leur déplaît-il de se donner en spectacle, même pour un instant et sur le seuil de leurs maisons, ils encourront l'amende de quinze sols, et la cérémonie du grenouillage sera remise à l'an prochain.

Voilà donc un devoir de grenouillage très facile à remplir, absolument *facultatif* et par là même nullement vexatoire (2).

Un dernier point qu'il faut signaler et sur lequel nous reviendrons. Les débiteurs de ce grenouillage sont membres de la bourgeoisie distinguée de Saint-Brieuc. Au XVIᵉ siècle, le nom de l'un d'eux figure sur la liste des procureurs syndics et des députés aux Etats (3) ; un autre, en 1690, est qualifié *noble homme*, titre qui se donnait encore à la haute bourgeoisie (4), et il a pour co-propriétaires les héritiers de Messire René Gouéon, seigneur de la Bouestardaye, sans doute nobles comme leurs auteurs (5).

Tel est ce grenouillage *pour rire*, facultatif, exercé en plein jour par des bourgeois qualifiés et des nobles. Qu'a-t-il de

(1) De la Villerabel, p. 135.

(2) Ce caractère de devoir *facultatif*, rachetable pour une amende de 15 sols, n'a pas été constaté par Lamarre et la Villerabel. Or il met à néant toutes les déclamations contre le grenouillage.

(3) Prigent le Normand débiteur (aveu de 1555) procureur-syndic et député aux Etats en 1590. *Hist. de Saint-Brieuc*, p. 92-93.

(4) « Noble homme Louis Chapelle, sieur de la Grange. » Aveu au roi, 1690.

(5) Aveu de 1690. Cette famille est un ramage des Gouyon-Matignon. L'un d'eux figura avec le titre d'écuyer au combat des Trente. En 1669, René de Gouéon a fait preuve de neuf générations de noblesse et un arrêt du 31 janvier l'a reconnu d'ancienne extraction chevaleresque. — De Courcy, *Nobiliaire*. Chevalier de Beauregard, *Nobiliaire*, Vᵒ *Goncon*, René, seigneur de la Bouestardaye. C'est ainsi que les noms sont souvent estropiés dans cet ouvrage.

commun avec l'obligation imposée, dit-on, aux paysans bretons de battre les fossés et les étangs durant des nuits entières ?

* *
*

Une question se pose ici : Ce grenouillage avec ses singularités existait-il encore vers 1789 ? — Oui, diront quelques-uns, car Ogée en parle, en 1775, comme d'un devoir féodal présentement rendu. — Soit ! mais le rédacteur du *dictionnaire* était-il si bien renseigné ? Le doute semble permis et pour plusieurs raisons.

Un historien de Saint-Brieuc, qui avait lu Ogée, doute que le grenouillage ait survécu au XVIIᵉ siècle (1). Il ne donne pas ses raisons, mais en voici qui nous semblent certaines.

Nous avons dit que le grenouillage résultait d'aveux de 1498, 1540, 1555, mentionnés au terrier de l'évêché. A la même page du terrier se trouve la mention d'un quatrième aveu, de 1611, mention que tous les historiens de Saint-Brieuc ont omise, et qui a pourtant un grand intérêt ; la voici :

« Le propriétaire de la maison rue Allée-Ménault reconnoist
« seulement les devoirs seigneuriaux sans parler du dépry
« des grenouilles ny de la rente des douze deniers mon-
« noyés, etc. »

Entre 1555 et 1611, ce « propriétaire » avait-il donc obtenu remise de la rente et du grenouillage ? — Il ne paraît pas, puisque son aveu de 1611 est contredit par l'aveu de l'évêque au Roi daté de quatre-vingts ans plus tard. Mais cette omission faite dans l'aveu de 1611, relevée dans le terrier dressé en 1722, sans qu'il apparaisse d'aucune protestation de l'évêque, elle a une signification. Ne peut-elle pas faire supposer que le vieil usage tombait en désuétude dès le commencement du XVIIᵉ siècle et qu'il n'existait plus cent ans plus tard ?

Supposez le grenouillage accompli les années précédentes, comment le débiteur aurait-il osé l'omettre en 1611, et com-

---

(1) « A supposer que cette coutume se fût maintenue au-delà du XVIIᵉ siècle, ce qui paraît douteux. » Lamarre, *Hist. de Saint-Brieuc* (124-125).

ment cette déclaration inexacte n'aurait-elle pas été *impunie?*

Ajoutons que quelques années plus tard, en 1636, un voyageur d'une curiosité infatigable visita Saint-Brieuc; il s'enquit et a rendu compte de tout. Il ne parle pas du grenouillage : c'est qu'il n'en a pas entendu parler (1).

Du moins est-il certain que le XVIIIᵉ siècle n'a pas été témoin de la cérémonie décrite plus haut. En 1610 et même un peu plus tard, le Lingoguet coulait à ciel ouvert par la rue Allée-Ménault ; mais à la fin du siècle, il était couvert (2). S'il pouvait sembler plaisant de battre un ruisseau où n'a jamais vécu une grenouille, il devenait absolument ridicule de frapper la terre aride en disant : « Grenouilles, taisez-vous ! » A ce moment le grenouillage se résolvait sans doute dans le paiement de l'amende.

Lisez l'abbé Ruffelet. Né à Saint-Brieuc en 1725, il y a passé une longue vie jusqu'à 1806. Dans ses *Annales briochines* parues en 1771, il mentionne avec détails les droits féodaux de l'évêque, mais ne dit mot du grenouillage. Si la cérémonie décrite dans l'aveu de 1690 s'était accomplie avant 1771, à deux cents mètres de sa maison, — (aujourd'hui l'hôtel de l'*Univers*) — comment l'érudit chanoine l'eût-il omise? N'était-ce pas attirer sur son livre le reproche d'inexactitude ?

De même, comment expliquer que cette cérémonie, si elle s'accomplissait encore en 1775 et douze ou treize ans plus tard, soit complètement sortie de la mémoire ? Le président Habasque écrivait en 1832, quarante-trois ans seulement après 1789. A cette époque vivaient à Saint-Brieuc nombre de personnes pouvant témoigner des devoirs féodaux rendus en ville. Comment croire que ce curieux investigateur n'ait pas cherché et trouvé des témoins du grenouillage accompli en leur présence ? Or il n'en dit rien ; et quand il mentionne seulement des aveux de 1498, 1540, 1555, il semble rejeter à cette époque lointaine l'existence du grenouillage au moins *effectif*.

(1) En 1636, Dubuisson-Aubenay, un curieux qui savait voir, visita Saint-Brieuc. Il a suivi pas à pas et décrit très exactement le Lingoguet. Il ne mentionne pas le grenouillage. Comment cette cérémonie burlesque, si elle se faisait encore, lui aurait-elle échappé ? Les Bibliophiles Bretons *(Archives de Bretagne,* T. IX) ont publié l'*Itinéraire* de Dubuisson en Bretagne (1898).

(2) De la Villerabel, p. 133.

2

De tout ce qui précède, nous croyons pouvoir conclure que, au dernier siècle, sinon auparavant, le devoir de grenouillage se résolvait dans le paiement de l'amende de quinze sols.

Je me suis étendu sur le grenouillage de Saint-Brieuc, et voici les excuses de ces longueurs : Ce grenouillage est le seul authentiquement constaté en Bretagne ; il est aussi le seul dont nous ayons une description détaillée ; enfin il nous paraît le *prototype* du droit. Que le lecteur me pardonne... et qu'il se rassure ! Je serai plus bref sur les autres grenouillages.

2° *Grenouillage de la Musse.*

La Musse (1) était une importante seigneurie. L'auteur des *Seigneuries de la Haute-Bretagne* en a compulsé les titres sans y trouver la mention du grenouillage. Il a emprunté l'indication suivante à Ogée :

« La seigneurie avait de très beaux droits... (entre autres)
« celui de faire battre par ses vassaux les douves du château
« pour empêcher les grenouilles de faire du bruit à la dame
« quand elle est en couches (2). »

Voilà un devoir qui sera peu onéreux parce qu'il sera singulièrement intermittent. La dame de la Musse ne fera pas toujours ses couches à la Musse ni pendant les trois mois de l'année où les grenouilles coassent ; en sorte que l'obligation de battre les fossés manquera souvent d'opportunité.

Mais la preuve de ce grenouillage semblera-t-elle établie ? — Assurément non. Ceux qui ont étudié Ogée savent combien il a été souvent mal informé des droits féodaux. Son affirma-

(1) Commune de Baulon, canton de Guichen, arrond. de Redon, Ille-et-Vilaine.
(2) Ogée, v° *Baulon*, I, 72. Le seigneur de la Musse siégeait anciennement aux Etats parmi les barons, en tant que relevant prochement du duc. Quand Pierre II (Etats de Vannes, mai 1451) eut proclamé la liste des neuf barons qu'il entendait faire chefs de la noblesse bretonne, le seigneur de la Musse descendit, comme beaucoup d'autres, au rang de bachelier. Par lettres du 12 novembre 1455 (Morice, *Pr.* II, 1668-70), Pierre II érigea la Musse en bannière. Ogée est exact sur ce point et ne mérite pas la critique. (*Grandes Seigneuries* dans *Revue de Bretagne*, T. XVI (2° de 1896), p. 316).

tion posée sans indication de preuve ne peut prévaloir contre
le silence des titres de la Musse.

3° Grenouillage de Rames.

La châtellenie de Rames, relevant du Roi à cause de la
vicomté de Montivilliers, avait son chef-lieu dans la commune
actuelle de Gomerville (1).

Le premier aveu de Rames conservé aux archives de la
Seine-Inférieure est de 1587 (2) ; il n'est pas détaillé et ne
mentionne pas le grenouillage. Mais ce droit est mentionné
dans un aveu de 1609 (22 juin) et dans les termes suivants :

« Et sy sont tenus mes hommes et vassaux et subjects de
« battre les grenouilles qui crient dans les fossés du chasteau
« qui empêchent le seigneur de dormir. »

Même indication dans l'aveu de 1652 ; après quoi nulle
mention de grenouillage dans un aveu du 13 décembre 1662,
ni dans un autre de 1679.

Que conclure de là ? — Que le droit de grenouillage « paraît
avoir été inséré sans raison dans l'aveu de 1609 que copie
l'aveu de 1652 (3). » Autrement, sans qu'il apparaisse d'un
acte d'affranchissement, comment les seigneurs de Rames
l'auraient-ils omis dans leurs aveux de 1662 et 1679 ?

Le droit de grenouillage à Rames aurait donc besoin d'une
autre preuve, d'autant qu'il était en ce pays comme ailleurs
absolument exceptionnel, et « qu'on n'en trouve pas mention
dans les aveux rendus pour les autres fiefs de Montivilliers (4). »

4°, 5°, 6° Grenouillages de Corbie et de Drucat.

La révélation de ces trois grenouillages est due à M. Bouthors, greffier en chef de la cour d'Amiens.

En 1845, M. Bouthors publia les *Coutumes locales* du bail-

(1) Montivilliers et Gomerville aujourd'hui chefs-lieux de cantons de l'arrondissement du Havre.
(2) (3) (4) Les aveux antérieurs se trouvent aux Archives nationales, fonds de la chambre des Comptes. La chambre des Comptes de Normandie n'est que de 1580. — Rens. de M. de Beaurepaire, archiviste de la Seine-Inférieure.

liage d'Amiens (l'ancienne Picardie). Cet ouvrage est le résumé très exact des cahiers d'une enquête édifiée dans chaque paroisse, en 1507, en vue d'une réformation qui ne se fit pas (1).

Ces deux gros volumes in-4°, qui ont coûté près de vingt années au savant éditeur, contiennent deux parties : la première est consacrée aux *coutumes*, l'autre aux *droits des seigneurs*. Comme il fallait se borner, M. Bouthors n'a relevé dans la seconde partie que les droits qui se distinguaient par leur singularité. A ce titre, le grenouillage devait avoir place dans son livre. L'auteur n'en a trouvé qu'un seul mentionné dans le bailliage d'Amiens en 1507 : c'est celui de Drucat. Seulement, à propos de ce grenouillage, il cite deux extraits d'un rôle de l'abbaye de Corbie qui semblent rappeler deux grenouillages appartenant à l'abbaye trois siècles auparavant. — Je commence par les grenouillages de Corbie, à cause de l'antériorité de leur date.

4° 5° *Grenouillages de Corbie.*

La célèbre abbaye de Corbie, à quelques lieues d'Amiens, avait de vastes possessions. M. Bouthors cite simplement les articles suivants tirés du long *rôle des feudataires* de l'abbaye vers l'an 1200 :

188. « Fugator ranarum de Naurdis fidelitatem facit domino abbati...

189. « Fugator ranarum de Tanes fidelitatem facit...

« Omnes isti liberi famuli nostri sunt... (2). »

C'est-à-dire : « Le *chasseur* (au sens de metteur en fuite) des « grenouilles à Naurdis, fait hommage au seigneur abbé... — « Le *chasseur* des grenouilles à Tanes, fait hommage... »

« Tous ces *famuli* (au sens de sujets, de *feudataires*) de l'abbaye sont hommes libres. »

Quel caractère donner à cet *office* de « chasseur de grenouilles ? » S'agit-il d'un emploi concédé à un serviteur ? Assurément non. Les chasseurs sont *feudataires* : il s'agit donc

(1) Ci-dessus, p. 7, note 4.
(2) Nous n'avons pu retrouver la situation de ces deux lieux.

d'*un devoir féodal* à raison duquel les *chasseurs* font hommage.
Il s'agirait de devoirs de grenouillage.

Si nous sommes sans aucune indication sur la cause et sur
les conditions de ces grenouillages, du moins sommes-nous
renseignés sur deux points qui ont leur intérêt : 1° que des
grenouillages de Corbie mentionnés au XIIᵉ siècle (1200) il n'est
plus question dans l'enquête de 1507 ; 2° que les « chasseurs
de grenouilles » sont dits *libres*, comme les autres feudataires
de l'abbaye. C'est-à-dire que dès l'année 1200 l'abbaye n'avait
plus de serfs.

Marquons ce point sur lequel nous reviendrons.

6° *Grenouillage de Drucat.*

En ce qui concerne le grenouillage de Drucat, nous n'avons
pas un aveu du seigneur le réclamant, ni la reconnaissance
des débiteurs, mais seulement la déclaration suivante à
l'article « *Drucat — Seigneurie — Châtellenie* ».

... Et le seigneur « a le droit que, quand il couche et
« pernocte en son chastiau dudit lieu, tous les subgeitz dudit
« lieu de Drucat sont tenus battre l'eau estant auprès dudit
« chastiau pour empeschier que les raines ou grenouilles ne
« lui fassent noise, sur peine et amende chacun subgiet de
« IX sous parisis. »

Cette déclaration, reçue le 28 septembre 1507, est signée
de neuf personnes qui ne prennent aucune qualité et agissent
en leur nom personnel. Elle est comprise dans un cahier
contenant six rôles d'écriture relatif *aux droits de Drucat.*

Ce document semblera-t-il authentique, et en l'absence
d'aveux du seigneur ou des vassaux, fera-t-il preuve du droit
de grenouillage ? On peut le contester ;... mais acceptons-le.

Comment entendre ces mots du texte : « Tous les sujets
dudit lieu de Drucat... » ?

Drucat est aujourd'hui une commune de 523 habitants. Il y
a bientôt quatre siècles, c'était une très petite paroisse ne
faisant qu'une fraction modeste de la châtellenie. Les mots
ci-dessus doivent, je pense, s'entendre des habitants du bourg,
tout au plus de ceux de la paroisse, voisins des eaux qu'il
s'agit de battre.

Mais tous les habitants sont tenus au devoir, même les bourgeois et les nobles, s'il s'en trouve parmi « les sujets du lieu » ; et il semble que le devoir doive être rendu chaque nuit en quelque saison que le seigneur couche au château, même à l'époque de l'année où les grenouilles sont sans voix.

Il est vrai que ce rigoureux devoir peut être racheté par chacun pour une amende de 9 sous parisis, c'est-à-dire de 13 deniers, en tout 117 deniers.

On peut donc dire que ses rigueurs ne sont qu'apparentes, puisque le devoir est *facultatif* comme celui de Saint-Brieuc.

7° *Grenouillage de Roubaix.*

Michelet a écrit (1) : « Il y avait à Roubaix, près de Lille, « une seigneurie du prince de Soubise, où les vassaux étaient « obligés de venir *à certain jour de l'année* faire la moue, le « visage tourné vers les fenêtres du château, et de battre les « fossés pour empêcher le bruit des grenouilles. »

Exposé contradictoire ! Pour être vue du château, la grimace prescrite doit se faire de jour ; pour faire taire les grenouilles qui chantent la nuit, c'est de nuit qu'il faut battre les fossés. Comment concilier ce double devoir ?

Où l'historien a-t-il puisé ce renseignement (2) ? Pas assurément dans les titres de Roubaix.

La ville de Roubaix a eu pendant trente-quatre ans pour archiviste un homme curieux et savant, qui a composé une histoire de Roubaix, une statistique féodale de la châtellenie de Lille et de nombreux travaux sur les fiefs de la châtellenie (3). Roubaix était un de ces fiefs.

Or ce travailleur émérite avait lu la phrase de Michelet reproduite par Chéruel (4) ; il a cherché avec d'autant plus d'ardeur ce « fameux » droit de grenouillage ; il n'a rien trouvé de semblable, et sûr de son fait, il m'écrit : « Le droit de

(1) *Origines du droit français* (1837), p. 253.
(2) Michelet cite *Mémoires de la Société des Antiquaires de France*, VI, 128, G. 356. Je n'ai pu retrouver les textes cités.
(3) M. Théodore Leuridan.
(4) *Dict. hist. des Institutions... de la France*, p. 409.

« grenouillage à Roubaix est une bourde, une invention de
« toutes pièces... »

Michelet aurait-il trouvé ce droit de Roubaix dans une tradition ? L'archiviste de Roubaix n'a pas manqué de faire des
recherches de ce côté ; et voici ce qu'il écrit :

« Il y a quarante ans (c'est-à-dire vers 1858), un ancien
« cultivateur, grand ennemi des seigneurs, me rapportait ce
« qui suit :

« Le dernier bailli de Roubaix voulait maintenir au moins
« en principe les quelques corvées annuelles stipulées dans
« les cens et arrentements. Au jour marqué, les redevables
« arrivaient dans la cour du château ; mais il n'y avait plus
« de prés à *fener*, ni de récoltes à engranger, et le bailli n'était
« pas sans embarras pour occuper, même en apparence, tout
« ce monde qui ne demandait pas mieux que de s'acquitter...
« Il leur faisait battre les fossés en manière de passe-temps.
« Les grenouilles se taisaient et les corvées étaient sauvées
« de la prescription. »

M. Leuridan ajoute : « Même ainsi tourné, le fait est
« controuvé. Ce n'est plus de l'histoire, c'est une histoire. »

Remarquez d'ailleurs combien ce devoir eût été peu rigoureux. Il ne se serait exercé qu'une fois dans l'année (un
certain jour). Les autres jours, les grenouilles auront toute
liberté de coasser et de troubler le sommeil du seigneur s'il
est présent. Et la grimace à faire au château, sinon au châte-
lain lui-même ou à son représentant ? Elle est concomitante
au battage des fossés ; ne donne-t-elle pas à ce battage son
vrai caractère, « une reconnaissance plaisante, bouffonne, mais
« au fond généreuse, exigée pour prix d'une concession avan-
« tageuse (1) » ?

8° *Grenouillage de Luxeuil.*

Luxeuil est un chef-lieu de canton de l'arrondissement de
Lure ; La Villeneuve et Aubigney nommées plus haut sont
deux communes des arrondissements de Vesoul et Gray. Ces
trois arrondissements qui composent le département de la

(1) M. Théodore Leuridan.

Haute-Saône, formaient le bailliage d'Amont en Franche-Comté. Nous avons nommé deux grenouillages (ceux de Monthureux et Girancourt) s'exerçant dans l'arrondissement actuel d'Epinal, limitrophe de la Haute-Saône. Ce coin de terre aurait donc été la terre privilégiée du grenouillage.

Luxeuil avait autrefois une abbaye de Bénédictins auprès de laquelle était un étang dit de *la Poche*.

A propos de Luxeuil, Michelet écrit, et Chéruel répète (1) : « Lorsque l'abbé de Luxeuil séjournait dans sa seigneurie, « les paysans battaient l'étang en chantant: « Pâ, pâ, renottes, « pâ ! Veci Monsieur l'abbé que Dieu gâ ! » (Paix, paix, gre-« nouilles, paix ! Voici Monsieur l'abbé que Dieu garde !) Citation inexacte des quatre *vers* que voici :

> Pâ, pâ, renottes, pâ !
> Car veci Monsieu
> L'abbé de Luxeu,
> Que Dieu gâ, gâ, gâ (2) !

Selon d'autres, ce n'est pas à l'abbaye de Luxeuil, mais dans ses possessions de Monthureux-sur-Saône (arrondissement d'Epinal) que le devoir de grenouillage était rendu à l'abbé (3). Nous parlerons de Monthureux plus loin.

Selon d'autres encore, ce n'est pas pendant tout le séjour de l'abbé à Luxeuil que l'étang aurait été battu, mais seulement « la nuit qui suivait l'installation de l'abbé. » Si par « installation » il faut entendre, comme il semble, prise de possession, voilà un devoir de grenouillage qui ne s'exerçait pas souvent..., heureusement pour le repos de l'abbé (4).

Qui ne comprend, en effet, qu'une troupe de paysans battant un étang en criant ces syllabes retentissantes : pâ pâ pâ... gâ gâ gâ... ne fera pas moins de bruit que ne faisaient les innocentes *renottes* ?

(1) *Dict. historique*, p. 409.
(2) M. Eckel, archiviste de la Haute-Saône. (Ecrire *Monsieu* pour la *rime*).
(3) *Intermédiaire*, 297.
(4) Luxeuil, fondé par saint Colomban au VIᵉ siècle, a eu 85 abbés jusqu'en 1789, plus de douze siècles [*Gallia-Christ.*], ce qui donne sept installations par siècle. Voilà un devoir peu onéreux. Et si l'installation se faisait dans les neuf mois où les grenouilles se taisent...

On voit qu'on n'est pas d'accord sur le lieu ni l'époque de l'exercice du droit. Ces contradictions et les variantes mêmes de la chanson prouvent que le titre établissant le grenouillage n'a été vu par personne ; et en effet il n'existe pas (1).

Où donc trouver la preuve de ce droit ? Dans la tradition qui a conservé le chant des paysans, tradition qu'on appelle *légende,* ce qui ne témoigne pas de beaucoup de confiance.

Nous avons vu plus haut que M. Le Bled niait le grenouillage de Luxeuil. Or l'érudit auteur a fait une étude particulière de l'histoire, des mœurs et coutumes de Franche-Comté ; et la légende admise et publiée par Michelet comme une vérité historique, M. Le Bled la traite de « conte de nourrices » (2).

Cette chanson burlesque mise par la légende sur les lèvres des vassaux de Luxeuil n'aurait-elle pas été originairement une chanson d'enfants s'amusant, comme a fait chacun de nous, à faire taire les grenouilles ?

Mais en voilà trop sur ce grenouillage prétendu de Luxeuil, fait historique selon Michelet, conte de nourrices selon M. du Bled, « qui relève plus de la légende que de l'histoire ». Supposez la question de l'existence de ce grenouillage soumise aux tribunaux d'autrefois, ils auraient décidé, comme les tribunaux de nos jours, qu'une chanson n'est pas une preuve.

9° *Grenouillage de la Villeneuve.*

Nous venons de nommer le grenouillage de la Villeneuve (canton de Vesoul) (3).

Voici ce que nous lisons dans l'*Intermédiaire* :

« En 1339, Jean d'Orselay, seigneur de Villeneuve, accorda
« aux habitants le droit d'affouage et les aisances ou mort-
« bois, les affranchit de toutes corvées, charrois et succession
« de seigneur ; enfin voulut que lui et ses hoirs n'aient point
« *le coup de bâton* sur les habitants du dit bourg, et abolit
« perpétuellement ledit *coup de bâton* ès dits habitants.

(1) *Intermédiaire*, 295.
(2) Ci-dessus, p. 7, note 5.
(3) La Villeneuve, seigneurie médiocre, comprenait au dernier siècle 959 journaux ou 478 hectares, et comptait 61 feux et 108 personnes. — Inv. som-des Archives de la Haute-Saône. Série C, n° 543.

« Or il faut très probablement assimiler ce droit de coup de
« bâton à l'obligation de frapper avec des bâtons l'eau des
« fossés du château qui était en effet situé dans un endroit
« marécageux... (1) ».

Cette interprétation proposée par l'érudit auteur est-elle
certaine ? Non ; et lui-même en la présentant seulement
comme *très probable* autorise nos doutes. Nous nous deman-
dons si par « coup de bâton sur les habitants du bourg » il
n'est pas plus naturel d'entendre la peine de la bastonnade
appliquée à certaines contraventions et que le débonnaire
seigneur déclare abolie.

Saluons au passage le nom de Jean d'Orselay si libéral au
xive siècle ; et, si le *coup de bâton* doit être entendu du
grenouillage, reconnaissons que ce grenouillage de la Villeneuve, supprimé quatre siècles et demi avant 1789, n'a pu
donner prétexte aux déclamations du siècle dernier.

10° *Grenouillage d'Aubigny.*

On lit dans l'*Intermédiaire :*
... « Dans deux communes de la Haute-Saône, notamment
« dans celle d'Aubigny, il existe un acte d'affranchissement
« dans lequel, en 1501, la dame Nicole Perrot, veuve Barangier,
« accorde au nom de ses enfants, seigneurs d'Aubigny, entières
« franchises aux habitants et fait remise d'amendes ; » mais en
leur imposant l'obligation « d'aller par tour battre l'eau la
« nuit avec des perches pour empêcher les grenouilles de
« crier, afin que lesdits seigneurs puissent tranquillement
« dormir. »

Voilà une mère attachant un prix qui peut sembler excessif
au sommeil de ses jeunes enfants ; et bien imprudemment
prodigue de droits dont elle n'a que l'administration comme
tutrice !... Mais passons, et remarquons seulement qu'aux
termes de l'acte, les vassaux n'étaient tenus que, à tour de
rôle, de battre l'eau au temps où les grenouilles crient, et
seulement quand les seigneurs sont présents.

(1) *Intermédiaire*, 296.

Les vassaux, bons juges de leurs intérêts, s'estimèrent sans doute heureux de payer de ce prix les « entières franchises » qui leur étaient si généreusement octroyées. S'ils revenaient en ce monde, comme ils seraient étonnés de nos doléances pour eux et de nos colères contre la dame d'Aubigny osant établir un grenouillage en échange d' « entières franchises » !

11° *Grenouillage de Girancourt.*

« Il n'y a jamais eu de château ni de fossés à Girancourt. Le chapitre de Remiremont co-seigneur du ban de Girancourt, possédait en ce lieu une maison, sorte de ferme où se centralisaient les redevances du ban et où se tenaient les plaids annaux, en mai. C'est là que descendait l'abbesse. Il y a dans la région de nombreuses mares auprès des maisons. C'est sans doute dans l'une de ces mares que s'exerçait le grenouillage décrit dans la déclaration ou aveu de 1662 (1) » :

« Demange César et Claude Hiel, héritiers de Florent Mar-
« cat, outre les quatre poulles d'aultre part, en debvoient
« encore une pour un mezel (un petit champ) (2) qu'ils tien-
« nent à l'Assault ; ils en sont exempts parce qu'ils sont tenus
« et obligés, lorsque Mme de Remiremont serait logée au dit
« Girancourt, au mois de mai, d'aller trois fois battre l'eau
« avec un bâton pendant que les rennes brachent, et dire en
« cette sorte : « Paix, de par Dieu et de par Madame de Remi-
« remont qui dort. »
Cet acte peut donner lieu à interprétation.

Comment entendre ces mots : « Aller trois fois battre l'eau avec un bâton ? » Est-ce à dire que l'eau sera battue à trois nuits du mois de mai, quelque prolongé que soit le séjour de l'abbesse? Ainsi entendu ce grenouillage est une plaisanterie.

(1) Rens. de M. Chevreux, archiviste des Vosges.
(2) *Mezel* est un diminutif de *meix* qui signifie en général un terrain cultivé. (Littré. — V° *Meix*). « En Lorraine, aujourd'hui encore, le *meix* est le jardin confinant à une maison ou proche d'un village. » — M. Chevreux. Le même mot se trouve en breton sous la forme *mæs* (Grégoire de Rostrenen), *meaz* ou *maez* (Troude), *mez* ou *mæs* en composition ; exemple, *Mezgloaguen* ou *Mesgloaguen*, nom d'une place de Quimper traduit, en 1349, *Campus Gloagueni.*

Le mois de mai compte trente et une nuits : que le grenouillage s'exerce pendant trois nuits, il en restera vingt-huit
pendant lesquelles les concerts des grenouilles feront rage.

S'agit-il, comme à Saint-Brieuc, de trois coups de bâton
frappés sur l'eau dans le même moment ? Pure comédie encore !

Quel que soit le sens adopté, ce grenouillage, de même que
celui d'Aubigny, est le prix de rachat d'une ancienne redevance. Les vassaux ont accepté librement, sinon sollicité ce
changement d'obligation. Or ils devaient une poule, redevance
bien minime : ils ont mieux aimé le devoir de frapper trois
coups sur l'eau et de dire quelques mots en riant devant une
foule rieuse !

12° *Grenouillage de Monthureux-sur-Saône* (1).

On lit dans l'*Intermédiaire* :

« C'était à Monthureux, lorsque l'abbé de Luxeuil y venait,
« que les habitants devaient battre l'eau, pour empêcher les
« grenouilles de coasser, en chantant ce refrain : Pâ, pâ, etc.»

Ce renseignement semble contredire le renseignement
ci-dessus donné à l'article *Luxeuil*. Faut-il croire que l'abbé
de Luxeuil exerçait deux droits de grenouillage, un à Luxeuil
même, l'autre à Monthureux ?

Ce second grenouillage ne semble pas moins légendaire
que celui de Luxeuil même. Il n'est mentionné que d'après la
tradition (2).

---

(1) Monthureux n'appartenait pas à l'abbaye de Luxeuil qui avait seulement
le patronage de la cure. En 1620 environ, une femme de Monthureux et sa
fille presque enfant furent poursuivies criminellement devant la cour de
Luxeuil, pour « genancherie, sortilège et maléfices. » La mère fut condamnée
au bannissement perpétuel de la Bourgogne ; la fille, à cause de son âge, fut
remise à son père pour être élevée chrétiennement. Curieuse affaire : la mère
était fille d'un homme condamné au feu pour sorcellerie, dix-sept ans auparavant. Elle continuait les pratiques de son père, et avait pour adepte sa fille
très jeune. Celle-ci, mécontente des fillettes du village, les menaçait un jour
de les mener malgré elles au sabbat. — *Arch. de la Haute-Saône*. Série R.
n° 9677. T. III, p. 436-438.

(2) *Dict. Hist. des communes des Vosges*, par MM. Chevreux et L. Louis. —
Rens. de M. Chevreux, archiviste des Vosges.

13° et 14° *Grenouillages de Montdechoux et Laxou* ou *Nancy*.

Enfin l'*Intermédiaire* donne ce renseignement :

« Près de l'abbaye de Montdechoux était le village de Stein-
« bourg (près de Saverne). Les nobles de Still y tenaient un
« verger en fief de l'abbaye d'Andlau (1). Lorsque l'abbesse s'y
« rendait pour tenir l'assemblée colongère, ces nobles étaient
« obligés de faire taire les grenouilles de la rivière voisine, la
« Zorn, la nuit qu'elle y passait, afin que l'abbesse pût dormir
« tranquille.

« Lorsque les anciens ducs de Lorraine se mariaient, les
« paysans du village de Laxou s'assemblaient à Nancy devant
« la cour où est aujourd'hui la place Carrière, et où était
« autrefois une grande mare. Ils y venaient battre l'eau la
« première nuit des noces pour empêcher le cri des gre-
« nouilles.

« Ces deux faits sont dans l'exacte vérité. »

« Ces lignes, nous dit-on, forment une note du 6ᵉ chant
d'un petit poème publié à Strasbourg par le chanoine Rumpler sous ce titre : *Tonneide* ou *Tonniade*, la *Doliomachie* ou
La Guerre du Tonneau. A Argencourt, l'an VII de la méta-
morphose des Francs, in-8° (2). »

Je n'ai pas pu obtenir de renseignements sur le grenouillage
de Montdechoux qui n'est plus en France (3). Mais, d'après
l'énoncé, ce grenouillage était la redevance d'un fief tenu
par des nobles. Voilà donc des nobles acceptant un devoir
qu'on nous représente comme servile, contraire à la dignité
humaine.

Il est vrai que ce grenouillage était bien peu onéreux. Il ne
s'exerçait — et une nuit seulement — que lorsque l'abbesse

(1) Abbaye de chanoinesses de l'ordre de Saint-Benoît, diocèse de Strasbourg.

(2) *Intermédiaire*, 294. Je n'ai pu obtenir aucun renseignement sur la
Tonnéide ni sur son auteur. Je suppose que la date doit être interprétée :
an VII du calendrier républicain, c'est-à-dire 1798-99.

(3) Ces droits sont signalés dans l'*Histoire du Droit et des Institutions de
Lorraine et des Trois Evêchés*, par M. Bonvalot, qui n'indique pas ses sources.
Les archives sont à Strasbourg.

d'Andlau venait tenir l'assemblée *colongère,* c'est-à-dire présider la réunion des vassaux convoqués ensemble pour acquitter leurs redevances. Or ces redevances, en nature pour la plupart, ne pouvaient, comme aujourd'hui, être réclamées qu'après la récolte finie, c'est-à-dire à une époque de l'année où les grenouilles ne chantent plus. Battre l'eau pour les faire taire était une comédie.

Quoi qu'il en soit, l'abbesse pourra passer à Montdechoux autant de nuits qu'il lui plaira, l'eau ne sera battue qu'une fois ; et les nobles de Still auront accompli leur devoir.

Si, sur la parole du burlesque chanoine, on accepte le grenouillage pour « l'exacte vérité, » il faudra le prendre avec son caractère bouffon.

Laxou (et non Laxon, dans le pays on dit *Lachou*) est un gros village à une demi-lieue de Nancy vers l'Ouest (1).

Michelet n'est pas tout à fait d'accord avec le chanoine Rumpler. Selon Michelet, le devoir aurait été rendu à Laxou même et au seigneur de Laxou, et non à Nancy, au duc de Lorraine. Cela donne à penser que pour l'historien le seigneur et le duc ne sont pas le même personnage : en quoi il se trompe.

Il écrit :

« Devant le château du seigneur de Laxou, près Nancy, se
« trouvait un marais que les pauvres gens (3) devaient battre
« la nuit des noces du seigneur pour empêcher les grenouilles
« de coasser. On les dispensa de ce service au commencement
« du XVIᵉ siècle, lorsque le duc de Lorraine épousa Renée de
« Bourbon. »

Quels sont ces *pauvres gens ?* Des vassaux du seigneur de Laxou. Si ce seigneur n'est pas le duc de Lorraine, à propos de quoi les « pauvres gens » ont-ils été exemptés de ce grenouillage à l'occasion du mariage d'un duc de Lorraine ?

Il est clair que Michelet est moins bien informé que le facé-

---

(1) Rens. de M. Duvernoy, archiviste de Meurthe-et-Moselle.

(2) *Pauvres gens* — pas si pauvres, puisque le grenouillage était la redevance due sur des terres possédées par eux.

Nous verrons plus tard le mot de *serf* employé par Michelet aussi mal à propos.

tieux auteur de la *Tonnéide*; et des deux récits, celui qui nous montre le grenouillage exercé devant le château de Nancy semble bien plus vraisemblable.

Encore un devoir de grenouillage bien peu onéreux : il ne s'exerce qu'au jour du mariage des « anciens ducs de Lorraine. » Par ce mot, l'auteur signifie sans doute la série des ducs commencée à Gérard d'Alsace (1048) pour finir à Charles mort en 1431, laissant pour héritière sa fille Isabelle mariée à René, duc d'Anjou et roi de Naples. Au cours de ces quatre siècles, quinze ducs se sont mariés ; le grenouillage aura donc été exercé quinze fois, mettons vingt fois pour le cas de remariages. Ce nombre donne quatre ou cinq grenouillages par siècle.

Et si les ducs (ce qui a dû arriver le plus souvent) se marient dans les neuf ou dix mois pendant lesquels les grenouilles ne chantent pas..., les habitants de Laxou viendront battre l'eau à Nancy ; mais ils auront vite fait d'obtenir le silence des grenouilles et de retourner chez eux, non sans rire !

Mais il m'est écrit de Nancy : « Il est probable que jamais les habitants de Laxou n'ont été astreints de venir à Nancy battre la mare aux grenouilles. C'est une vieille légende sans fondement... Elle a été répandue par l'abbé Lionnais dans son *Histoire de Nancy* parue au commencement du siècle, ouvrage de peu de critique (1). »

Voilà l'opinion de l'archiviste de Meurthe-et-Moselle qui a sous les yeux les titres de la seigneurie de Nancy. Mon obligeant correspondant ne connaît ni la *Tonnéide* ni son auteur. Pour être juste, disons que celui-ci doit partager avec l'abbé Lionnais l'honneur d'avoir mis en circulation la légende du grenouillage de Laxou.

***

Ainsi en résumé :

1° Le grenouillage de Saint-Brieuc, une comédie, était facultatif ;

(1) Rens. de M. Duvernoy, archiviste de Meurthe-et-Moselle.

2º Celui de la Musse est sans preuve ;

3" Celui de Rames est douteux ;

4º et 5º Les grenouillages de Corbie sont signalés au XIIᵉ siècle ;

6º Celui de Drucat, douteux, aurait été *facultatif* ;

7º Celui de Roubaix est une « *bourde* » ;

8º Celui de Luxeuil, un « *conte de nourrices* » ;

9º Celui de la Villeneuve (s'il a vraiment existé sous le nom de coup de bâton) fut supprimé dès 1339 ;

10º Celui d'Aubigny fut établi en 1501, du consentement des vassaux reconnaissants ;

11º Celui de Girancourt (XVIIᵉ siècle) eut le même caractère de libéralité ;

12º, 13º et 14º Les grenouillages de Monthureux, Montdechoux et Laxou sont des légendes.

Donc l'existence des grenouillages de Saint-Brieuc, Corbie (deux), Aubigny, Girancourt, seulement, est établie par des actes authentiques. Si l'on tient à ajouter à cette liste Drucat, Rames et La Villeneuve sur lesquels il y a doute, on aura huit grenouillages authentiquement prouvés.

Maintenant, dans les documents que nous venons de passer en revue, recherchons les vrais caractères du grenouillage. Pour cette étude, nous ne distinguerons pas entre les grenouillages *légendaires* et ceux dont l'existence est démontrée. Nous allons voir que la légende nous fournira d'utiles indications.

V

Caractères du grenouillage.

Une première observation, c'est que le grenouillage était en général une redevance facile à acquitter et peu onéreuse.

C'est ainsi que Michelet lui-même l'apprécie. Il a écrit : « Beaucoup de droits féodaux qui nous révoltent étaient probablement ceux dont le serf se plaignait le moins parce qu'ils lui coûtaient peu. Telle est la fameuse obligation de battre l'eau la nuit pour faire taire les grenouilles (1). »

Nous verrons tout à l'heure combien est inexact le mot *serf* employé dans cette phrase. L'expression « s'en plaignait le moins « n'est pas plus exacte, et plus d'un débiteur de grenouillage, loin de se plaindre de ce devoir, ne pouvait que s'en applaudir. Exemple : les vassaux d'Aubigny qui, pour un grenouillage, avaient obtenu « franchises entières », etc.

Du reste, la phrase de Michelet citée plus haut est loin de caractériser suffisamment le grenouillage. Il nous faut donc insister sur plusieurs points résultant clairement de l'étude que nous venons de faire.

I. — En 1854, un auteur traitant du grenouillage a écrit : « Parmi les droits féodaux formellement consacrés par les coutumes... est celui que la coutume reconnaissait au seigneur de contraindre ses sujets à battre l'eau des fossés pendant la nuit pour empêcher que les raines ou grenouilles ne lui fassent noise (2). »

On a reconnu ces expressions empruntées au titre concernant le grenouillage de Drucat (3).

Ceux qui liront cette phrase lui donneront sans nul doute le sens que voici : Le droit de grenouillage est formellement consacré par les coutumes, c'est-à-dire par la loi locale. La coutume reconnaît donc au *seigneur* (non plus à celui de Drucat, mais aux seigneurs en général) le droit de grenouillage.

Or M. Bouthors a écrit tout le contraire. Il comprend le grenouillage de Drucat non dans les « coutumes locales », mais dans les droits seigneuriaux ; le grenouillage résulte donc, non d'une coutume plus ou moins étendue, mais de

(1) *Origines du droit français* (1837). Introduction, p. XLII.
(2) *Journal des Débats*, 2 mai 1854. Rendant compte du rapport de M. Dupin sur le livre de M. Bouthors, l'auteur reconnaît qu'il n'a pas lu le livre de M. Bouthors. Il aurait dû confesser aussi qu'il avait mal lu le rapport de M. Dupin. Celui-ci explique très clairement que le grenouillage n'est pas compris dans les *coutumes locales*, mais dans les *droits seigneuriaux*.
(3) Ci-dessus, p. 21.

« conventions privées passées entre le seigneur de Drucat et
ses sujets du dit lieu. »

Et cette observation que nous faisons à propos de Drucat
s'étend de façon certaine aux grenouillages que nous avons
étudiés, et sera confirmée par tous les titres que l'on pourra
trouver établissant des grenouillages. Ces titres ne sont et ne
seront que des aveux, titres purement privés.

Cette observation a son intérêt.

II. — On s'imagine aujourd'hui que le grenouillage ne pouvait avoir pour débiteurs que des *serfs*, des *pauvres gens*,
comme dit Michelet, des *paysans*, disent d'autres, enfin des
roturiers. L'erreur est certaine.

Au XIIᵉ siècle, nous l'avons vu, les deux grenouillages de
l'abbaye de Corbie ont pour débiteurs des hommes *libres* ou
francs. Or, à cette époque, Beaumanoir range les français en
trois classes : les nobles, les francs (*liberi*) qui s'élèvent, les
serfs, qui tendent à disparaître. Les débiteurs des grenouillages de Corbie sont de cette classe intermédiaire qui, dans
les villes, se nomme déjà la bourgeoisie, et dont plusieurs vont
s'acheminer à la noblesse.

Au XVIᵉ siècle, nous avons vu « tous les sujets du lieu de
Drucat » indistinctement soumis au grenouillage. — Sont-ils
donc tous *serfs* ? C'est peu probable. Avant cette époque, il y
eut un grand nombre d'affranchissements (1). — Sont-ils tous
pauvres gens ? Quelle apparence, puisqu'il leur est permis de
racheter le devoir en payant l'amende ? — Sont-ils tous *paysans* ? Qu'en savons-nous ? Pourquoi n'y aurait-il pas à Drucat
quelque bourgeois ou même quelque noble ?

Aux siècles suivants, on nous montre les « nobles de
Still » débiteurs du grenouillage de Montdechoux. Il ne s'agit
pas, remarquez-le, d'un noble devenu, par mariage ou acquêt,

(1) Nous venons de voir que, dès l'an 1200, l'abbaye de Corbie n'avait plus
de serfs (Ci-dessus, p. 21). En octobre 1246, saint Louis avait donné l'affranchissement aux « hommes de corps » de Villeneuve-le-Roy. L'année suivante,
des serfs de l'abbaye de Sainte-Geneviève se rachetèrent... etc. (Villeneuve-
Trans., cité par Veuillot. *Droit du Seigneur*, p. 51, note 2.) Philippe Le Bel
affranchit les serfs de ses domaines, en 1311, et les affranchissements se firent
en grand nombre pendant le XIVᵉ siècle. (Chéruel, *Dict. hist.*, p. 1151).

propriétaire du verger chargé du grenouillage. On voit ici une réunion, une *société*, une *compagnie* des nobles de Still associés pour l'exploitation du verger et acceptant unanimement et sans scrupule aucun, sans crainte de dérogeance, la charge du grenouillage.

Nous l'avons vu, en 1690, les deux maisons de Saint-Brieuc débitrices du grenouillage avaient pour propriétaires l'une un bourgeois, dit « noble homme », titre qui à cette époque indiquait encore la haute bourgeoisie (1), l'autre, les héritiers nobles de René Gouéon, seigneur de la Bouestardaye.

Va-t-on me dire que ce fait a été isolé ? — Quelle apparence ! Sous l'ancien régime, comme de nos jours, les terres se transmettaient avec leurs charges. Or, suivez l'histoire d'une maison en ville, d'un bien rural de médiocre importance, vous les verrez passer alternativement de roturier à noble, de noble à roturier. Il en a été ainsi pour la maison de Saint-Brieuc ; pourquoi d'autres terres soumises au grenouillage n'auraient-elles pas eu le même sort ?

Il suffit, du reste, de l'exemple de Saint-Brieuc pour démontrer que le grenouillage n'était pas *servile* et imposé seulement aux roturiers (2). De l'histoire des nobles de Still (vraie ou fausse, il n'importe) nous tirons un autre enseignement : c'est que, écrivant la dernière année du XVIIIe siècle, l'auteur a pu, sans choquer l'opinion populaire, montrer des nobles débiteurs de grenouillage. Que conclure de là ? Que dix ans seulement après la suppression des droits féodaux, quand le public en avait une connaissance plus exacte que beaucoup de savants de nos jours, le grenouillage n'était pas considéré comme incompatible avec la noblesse.

III. — Il y a dans les documents cités un point qu'il faut mettre en lumière.

(1) Le mot *noble homme* a primitivement été dit des gentilshommes. On trouve souvent « noble homme Jean..., duc de Bretagne ». A la fin du XVIIe siècle, il se substitue au mot *honorable* devant les noms des bourgeois : tellement qu'un homme appelé d'abord *honorable* devient *noble homme* sans avoir changé de situation.

(2) *Indépendance Bretonne* (Saint-Brieuc), numéros des 29 et 30 mai 1898.

Nous avons dit plus haut que les grenouilles ne font entendre leurs chants qu'aux mois d'avril, mai et juin. A quelle époque de l'année les devoirs de grenouillage que nous avons passés en revue étaient-ils dus ?

Deux seulement de nos documents indiquent une époque précise, savoir : A Saint-Brieuc, le 23 juin : c'est bien tard, les grenouilles ne chantent plus à cette date ; — à Girancourt, le mois de mai : c'est le vrai moment.

Pour Rames, Drucat, Roubaix, Aubigny, Montdechoux, nos documents semblent se référer à la même époque, puisqu'il s'agit (est-il dit) de protéger le sommeil du seigneur contre le bruit des grenouilles.

Pour la Villeneuve et Corbie, nous n'avons que le souvenir de leurs grenouillages, sans aucun renseignement.

Enfin à Luxeuil, La Musse, Monthureux, Nancy ou Laxou, aucun indice d'une époque certaine de l'année.

Or, supposez l'abbé de Luxeuil installé ou séjournant à Luxeuil ou à Monthureux dans les mois où les grenouilles se taisent, les ducs de Lorraine se mariant, la dame de la Musse accouchant à la même époque, hypothèses qui ont pu se réaliser, est-ce que le devoir sera rendu ? Est-ce que les vassaux iront battre les eaux glacées ou du moins silencieuses, pour faire taire les grenouilles qui ne chantent pas ?

Nous sommes portés à le croire ; et pour deux raisons, dont une suffirait. La première, c'est que le non-exercice du devoir en se prolongeant, amènerait la prescription du *droit*, à laquelle le seigneur doit s'opposer. La seconde, c'est que le débiteur du *devoir* peut avoir grand intérêt à en assurer le maintien, comme nous allons voir... Seulement en pareil cas un seul coup de bâton sur l'eau, le refrain de Luxeuil chanté, les grenouilles qui dorment ont obéi, le devoir est accompli : disons mieux, la comédie est jouée.

Avec la grimace de Roubaix, la chanson de Luxeuil, la ridicule sommation de Girancourt et de Saint-Brieuc, rien ne montre mieux le caractère burlesque du grenouillage.

IV. — Ce caractère éclate, on peut le dire, dans les conditions imposées aux débiteurs des quatre grenouillages que nous venons de nommer.

Michelet a connu deux de ces grenouillages, ceux de Roubaix et de Luxeuil. Se peut-il que la grimace *due* à Roubaix, et la chanson *due* à Luxeuil ne lui aient pas révélé le côté bouffon et plaisant du grenouillage ?

Ce caractère est reconnu par tous ceux qui étudient sérieusement le grenouillage. Tous mes érudits correspondants le signalent. En plus, j'ai pu interroger quatre archivistes paléographes. Tous me répondent : « Le devoir de grenouillage était une plaisanterie. »

Il semble bien que ce caractère plaisant du grenouillage devait être admis par le public des derniers siècles : la preuve, c'est que la légende, quand elle conte les grenouillages de Roubaix et de Luxeuil, n'omet pas la grimace à faire au château de Roubaix et la chanson à dire à Luxeuil et à Monthureux.

Toutefois, n'exagérons rien. Nous n'irons pas jusqu'à dire que « dans certains cas on ne puisse à la rigueur admettre qu'un seigneur a établi le devoir de grenouillage dans le but réel de faire taire les grenouilles (1). » Mais ce grenouillage sérieux, sinon rigoureux, nous apparaît comme une exception.

Cette conclusion nous paraît résulter de l'étude des grenouillages légendaires ou authentiques décrits plus haut. Si les grenouillages de la Musse, Rames, Ducrat, Aubigny, Montdechoux et Laxou, ont un caractère quelque peu sérieux, celui de Roubaix avec sa grimace, ceux de Luxeuil et Monthureux avec leur chanson, ceux de Girancourt et de Saint-Brieuc avec leurs objurgations aux grenouilles ne peuvent être que des farces, des plaisanteries.

Il est clair que la grimace due au château de Roubaix et en plein jour (à l'heure où les grenouilles ne chantent pas) n'est pas faite pour amuser ou effrayer les grenouilles ; que la sommation rimée de Luxeuil et Monthureux, les sommations ridiculement solennelles de Girancourt et de Saint-Brieuc ne seront pas écoutées par les grenouilles. Grimace, chanson et sommations sont destinées à amuser la foule qui est venue là pour rire.

Ainsi, sur douze grenouillages en voilà cinq que la légende

(1) M. de la Borderie. — *Mélanges d'Histoire et d'Archéol.*, I, p. 225.

ou les titres représentent comme une réjouissance publique,
un divertissement populaire.

Qui pourrait s'en étonner ? Ce serait bien mal connaître les
mœurs des temps passés et le goût de nos pères pour les
grosses farces.

Le divertissement populaire... mais c'est le « caractère
que depuis le xvᵉ siècle prirent nombre d'usages féodaux (1).»

Sans sortir de la Bretagne, combien de devoirs féodaux pour-
rions-nous citer ayant évidemment ce caractère ! Exemples :
la course de la *quintaine* ou *quinquaine* imposée en nombre
de lieux aux jeunes mariés, à Saint-Brieuc aux poissonniers
et aux boulangers ; — la chevauchée des mêmes poissonniers
allant dans la cour du manoir épiscopal élire leur roi ; — la
chevauchée en « bel ordre » des 400 vassaux de la vicomté
de Rennes à la foire de la Madeleine, 22 juillet ; — « la poule
blanche » que le seigneur de Guengat doit donner « à courre »
aux bouchers de Quimper ; — les droits de *bienvenue,* de *bazoche*
ou *caquinerie* imposés à Pont-l'Abbé, le premier aux nouveaux établis, le second aux nouveaux mariés nobles ou
roturiers : — et la bruyante et joyeuse perception de ces droits
« le mardi gras pour les divertissements du jour par les
mineurs (les jeunes gens) marchant en troupe sous la conduite
d'un sergent nommé *Pantalon* » : un nom significatif.

Il faut finir... Voilà quelques exemples de ces devoirs féodaux devenus joyeusetés et fêtes populaires. Eh bien ! à cette
liste qui, complète pour la France, tiendrait des volumes, il faut
ajouter le grenouillage.

On rit de ces vieux usages. La course aux canards, le
baquet russe, le tourniquet amusent la foule. Supposez réta-
blies les quintaines, les chevauchées dont je parlais tout à
l'heure, le « *jeu au duc* » à Rochefort, dont je n'ai pas parlé,
mais qui mérite une mention (2), ces réjouissances attireront
la foule comme au xvᵉ siècle.

(1) M. de la Borderie. — *Mélanges d'Histoire et d'Archéol.*, I, p. 23.
(2) Le *jeu au duc* durait deux jours, mardi et mercredi de la Pentecôte. Le
propriétaire d'une maison, décoré du titre de *Dieu d'Amour*, devait amener en
ville « une beste feinte, nommée *La Drague*, couverte de tapisserie, avec son
poulichot, escortée de quatre sonneurs au moins pour faire danser sous la
cohue. » Le 1ᵉʳ janvier, le *Dieu d'Amour* apparaissait comme justicier : il allait

V. — Or le seigneur et le débiteur du droit avaient besoin de la foule comme témoin du grenouillage.

Cette joyeuseté avait un côté sérieux que Michelet n'a pas vu, mais que signalent plusieurs de mes érudits correspondants : « Le grenouillage, dit l'un, était une pratique grotesque plutôt que vexatoire, et qui pouvait être utile au débiteur comme preuve d'une concession. » — « Le grenouillage, dit un autre, était la reconnaissance bouffonne librement consentie par le vassal d'une concession qu'il avait jugée avantageuse. » Exemples : les grenouillages de Saint-Brieuc, Aubigny, Girancourt.

C'est pourquoi cette cérémonie burlesque accomplie publiquement n'est pas utile seulement au seigneur dont elle constate la seigneurie : elle est entre lui et son vassal le *monument* de leurs engagements réciproques ; et il se peut que la *solennité* du grenouillage soit la sauvegarde du vassal en devenant pour lui un unique moyen de preuve.

Prenons, si vous voulez, l'exemple du grenouillage d'Aubigny : supposons perdu l'acte constatant l'octroi des franchises et amendes. — Les aveux y suppléeront, dira-t-on. Mais ils peuvent aussi se perdre. Ce qui ne se perdra pas, c'est le souvenir du grenouillage publiquement accompli en mémoire et en remplacement des franchises accordées ; et le vassal en faisant la preuve par témoins du grenouillage aura prouvé la concession dont l'acte lui fait défaut.

Comprenez-vous ce que je disais tout à l'heure, que le vassal avait intérêt à accomplir le devoir de grenouillage avec toutes ses formes ? Même, plus ces formalités seront bizarres, plus elles resteront dans la mémoire ; le vassal a donc intérêt à en maintenir, on pourrait dire à en exagérer les bouffonneries.

---

perquérir tous les lins et chanvres non encore « habillés » à cette époque e tardive, et les brûlait au bout de la cohue. Après quoi, redevenu *Dieu d'Amour*, il ira chercher la dernière mariée et l'amènera en cérémonie à la cohue pour qu'elle chante une *chanson nouvelle*, c'est-à-dire qu'elle a dû versifier ou faire versifier..., si elle n'est pas poète. » — *Mélanges d'Hist. et Arch.*, I, p. 99-100.

VI

Reproches adressés au grenouillage.

Nous l'avons dit : le grenouillage est « un des grands griefs de l'esprit moderne contre le Moyen-Age et contre la Féodalité », deux choses différentes, mais que la haine confond.

A quelle époque du Moyen-Age et de la Féodalité s'adressent les reproches ? Est-ce au début ou à la fin : pour le Moyen-Age au ve ou xve siècle ; pour la Féodalité à la fin du ixe ou du xviiie siècle ? C'est ce qu'on ne dit pas et ce que pourtant il faudrait dire. Chose curieuse ! la question que je pose a le mérite de la nouveauté.

Rappelons les époques auxquelles nous avons constaté l'existence vraie ou supposée de grenouillages.

Nous n'avons pas à parler ici des grenouillages qui sont du domaine de la légende plus que de l'histoire. Toutefois, à propos du grenouillage de Nancy, nous retenons cette date : il aurait été dû sous les anciens ducs de Lorraine et aurait été supprimé « au commencement du xvie siècle (1). »

Pour les huit grenouillages qui résultent de titres : Saint-Brieuc, Rames, Drucat, Corbie, La Villeneuve, Aubigny, Girancourt, voici les dates auxquelles nous renvoient les documents cités :

Les grenouillages de Corbie sont constatés en 1200 environ ; nous avons vu la suppression de celui de La Villeneuve en 1339 ; la création de celui d'Aubigny, en 1501 ; celui de Drucat est mentionné en 1507 ; les grenouillages de Rames, Giran-

---

(1) Michelet ajoute :... « lorsque le duc de Lorraine épousa Renée de Bourbon » (ci-dessus p. 30). Voilà qui semble bien précis... Mais quel est ce duc ? Les ducs de Lorraine à cette époque ont été René (de Vaudemont), 1508 ; son fils Antoine, 1574 ; son fils François, 1545. Aucun n'a épousé Renée de Bourbon. — Au xve siècle, vers 1443, le fils aîné du roi René, Jean, duc de Calabre, qui ne devint duc de Lorraine qu'en 1452, avait épousé Marie de Bourbon. — Est-ce à ce mariage que Michelet fait allusion ?

court, nous sont appris par des aveux du xviie siècle ; celui de Saint-Brieuc par des aveux des xve, xvie et xviie siècles.

Une question naît tout naturellement : ces grenouillages ou quelques-uns d'entre eux ont-ils subsisté après les dates que je viens de rappeler ? Pendant combien de temps ? Jusqu'en 1789 ? En l'absence de renseignements postérieurs aux dates ci-dessus indiquées, répondre n'est pas possible.

Toutefois quelques indications nous ont permis de nous expliquer en ce qui concerne le grenouillage de Saint-Brieuc (1). Nous croyons que, s'il a subsisté au dernier siècle, c'est sous la forme du paiement de la redevance de quinze sous ; et même ainsi *réformé*, ce grenouillage aurait, selon toute apparence, survécu aux autres grenouillages que nous avons étudiés.

— Mais, me dit-on, il y avait en France d'autres grenouillages que ceux signalés jusqu'ici en six provinces seulement ! Ces grenouillages n'auraient-ils pas existé en 1789 ?

Je ne doute pas de l'existence d'autres grenouillages. Existaient-ils encore en 1789 ? Après ce que nous venons de dire, nous avons le droit d'en douter jusqu'à preuve faite.

Comprend-on maintenant comment la bruyante parole de Le Guen dans la nuit du 4 août 1789 n'a pas trouvé d'écho, et pourquoi les décrets abolissant les droits féodaux et nommant des droits rares et presque inconnus, n'ont pas fait mention du grenouillage ? Ce qui se comprend moins aisément, c'est la méconnaissance absolue du caractère plaisant du grenouillage ; ce sont les colères posthumes qu'a soulevées dans notre siècle « le fameux droit de grenouillage ». La seule explication que nous en trouvions, c'est, chez les uns, l'ignorance qui ne voit pas ; chez les autres, la passion qui ne veut pas voir. Chez quelques-uns, chez Le Guen par exemple, l'ignorance et la passion sont réunies.

Le Guen a entendu parler du grenouillage. Il n'aurait pu en citer qu'un seul, le seul connu en Bretagne, le grenouillage de Saint-Brieuc ; mais ce devoir *facultatif* n'est aucunement vexatoire. Il est contraire à la thèse de l'orateur. Mieux vaut, pense-t-il, signaler à l'animadversion «les titres infâmes » qu'il

(1) Ci-dessus, p. 16-17.

n'a jamais vus... ni aucun de ses auditeurs non plus. Quelle déconvenue pour le bouillant déclamateur, si un de ses collègues lui eût présenté un des documents que nous venons d'analyser !

Quoiqu'il en soit, voilà les historiens et d'autres s'emparant du mot de Le Guen, et s'exclamant à qui mieux mieux, sans aucune information, sur le grenouillage tel que Le Guen l'a dépeint (1).

Et ce n'est pas tout. Voici qu'après un siècle révolu depuis l'abolition de la Féodalité, se réveille l'écho non des doléances que les débiteurs du grenouillage ne firent pas entendre ; mais des colères de ses adversaires posthumes... dont les savants rient de bon cœur !

VII

Conclusion.

Nous l'avons dit : nous ne prétendons pas avoir étudié tous les grenouillages qui ont pu exister. Nous souhaitons que cette étude incomplète en fasse rechercher et découvrir d'autres. Jugeant de ceux-ci par les grenouillages connus, nous augurons que tous auront le même caractère : redevance peu onéreuse, plaisante, ou même réjouissance populaire.

Ces heureuses découvertes ramèneront-elles à la vérité ? ou bien le siècle qui finit transmettra-t-il comme un héritage à celui qui va commencer son horreur et ses craintes du grenouillage ?

J'ai dit *ses craintes* et je n'exagère pas.

Le plus débonnaire des grenouillages connus jusqu'ici est celui de Saint-Brieuc, facultatif puisqu'il est rachetable pour

---

(1) Lacretelle, qui avait mal lu le discours de Le Guen, dit qu'il parla « des étangs battus par les vassaux pour procurer à des seigneurs voluptueux, le plaisir d'entendre la musique des grenouilles. » *Histoire de l'Assemblée Constituante*, P. 137. — Il parait que dans son enfance le grave historien n'avait jamais jeté une pierre dans une *mare à grenouilles*. — Ou bien faudrait-il douter de son sens musical ?

quinze sous. Or, en 1846, un auteur écrivant à Saint-Brieuc
décrivait exactement le grenouillage de l'évêque de cette
ville, le seul assurément qu'il connût. Au lieu d'en rire, comme
avaient fait ses pères, témoins du devoir rendu, voilà un
homme saisi d'effroi et de colère. Il s'arrête et il écrit cette
phrase terrifiante :

« Voilà cependant les temps où l'on voudrait nous faire
revenir ! »

Huit ans plus tard, à propos du grenouillage et du men-
songer *droit du seigneur,* un auteur est frappé de la même
terreur, et il écrit : « Et voilà ces siècles que l'on ne craint
pas aujourd'hui de proposer en exemple au nôtre (1). »

Cinquante ans passent ; et l'écho de ces menaces retentit
de nouveau dans nos campagnes. On crie aux paysans :
« Prenez garde à vous ! Vous allez battre les étangs que battaient vos pères ! »

Non, quoique l'on dise, le grenouillage ne reparaîtra pas,
pas même anodin et facultatif comme celui des anciens évê-
ques de Saint-Brieuc. Ni les Bretons, ni d'autres vivants
aujourd'hui, ni leurs fils, ni leurs arrière-neveux, ne liront
affiché sur les murs ou imprimé dans un journal, l'avis suivant calqué sur l'aveu de Saint-Brieuc :

« A vendre un emplacement de maison en ville moyennant
« douze sous (60 centimes) de rente annuelle, plus l'obligation
« de frapper trois coups de baguette sur un ruisseau, en disant
« trois fois : Monsieur X. (le vendeur qui stipule pour lui-
« même et ses ayants-cause) dort ; laissez dormir Monsieur X. ; »
« si mieux n'aime l'acheteur, pour s'exempter de cette obli-
« gation, payer une somme de quinze sous (75 centimes). »

Si une vente était publiée à ces conditions, il ne manque-
rait pas d'*amateurs,* au nombre desquels (pourquoi pas ?) les
adversaires de « l'odieux droit de grenouillage » alléchés et
convertis par le bon marché.

(1) *Journal des Débats,* 2 mai 1854.

699. — Saint-Brieuc, Imprimerie René PRUD'HOMME.

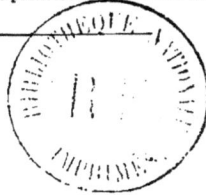

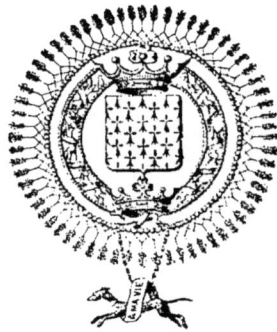

A MA VIE

www.ingramcontent.com/pod-product-compliance
Lightning Source LLC
Chambersburg PA
CBHW071409200326
41520CB00014B/3351